별 이야기 6

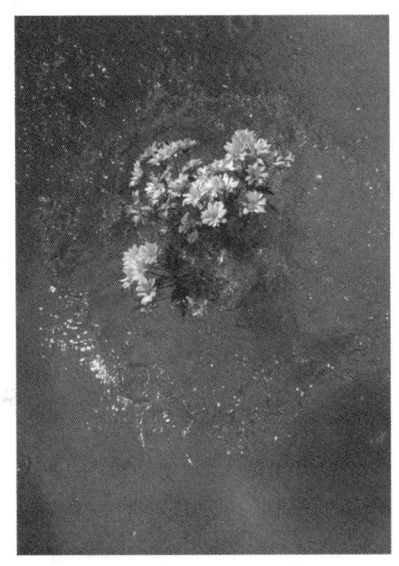

별 이야기 6

초판 1쇄 인쇄 | 2025년 10월 12일
초판 1쇄 발행 | 2025년 10월 17일

지 은 이 | 성담(星譚) 임상호
펴 낸 이 | 임상호

펴 낸 곳 | 선우 퍼블리케이션
등록번호 | 214-95-19308
등록일자 | 2025년 8월 15일

주 소 | (14221) 경기도 광명시 오리로 942번길 9-1
         LG베스트 301
대표전화 | 010-9686-3129
이 메 일 | Email: step101250@daum.net

편집 · 디자인 | 박세원

ISBN 979-11-989688-0-7
ⓒ **별 이야기 6** | 2025, Printed in Seoul. Korea
   값 15,000원

• 잘못된 책은 구입하신 서점에서 바꾸어 드립니다.

●여정 ●섭리 ●연정 ●사모

星譚 林相鎬 第五詩集

별 이야기 6

초록 잎새가 붉게 물들듯…

滿山紅葉! 온 산이 붉게 물들고 달도 차면 기울듯 인간의 삶도
때가 되면 어김없이 황혼으로 접어듭니다. 자연이 정겨움으로 물들듯
우리네 인생도 곱게 물든다면 얼마나 좋을까 머릿속에 그려봅니다.

백세 시대를 맞은 요즘, 백년의 삶 자체가 무에 대단하냐며 핀잔줄지언정
그래도 백년이 아니라 천년, 만년 살고픈 게 모든 인간의 욕심일 것
같습니다. 다행이 하늘의 명을 받지 않아 땅 딛고 살지만 암 중에서도
죽음이 먼저 연상되는 폐암 4기로 생과 사의 갈림길을 세 번씩이나
넘나든 저로서는 남다른 삶의 여정을 감사하며 걷고 있습니다.

그 와중에서도 글짓기만큼은 결코 쉬지 않겠다는 일념으로 항암을 하며
세 개의 주사바늘을 팔뚝에 꽂고도 한 획, 두 획, 한 줄, 두 줄, 이제
강산이 두 번이나 바뀐 등단 스무 해를 맞아서도 여명이 채 가시지 않은
새벽, 한편의 글을 짓기 위해, 달랑 투박한 붓 한 자루 들고 선잠 물린 채
보이지도 않는 글의 광맥을 찾아 나서고 있습니다.

때로는 한 방울의 꿀을 찾아 온 들녘을 헤매는 꿀벌과도 같이, 또한
농부의 마음처럼 검정 씨앗 한 톨 황토에 묻고 하늘만 올려다보며 비
내리기를 빌면서 행여 싹이 돋아 무럭무럭 자라 몽우리 열어 고운 꽃이
피기만을 바라듯 봄, 여름, 가을 그리고 겨울… 사계의 시간이 수없이
반복되어도 제게 주어진 있는 재주, 없는 재주, 진정 혼신의 힘을 다해

매달리며 때로는 풀리지 않는 머리를 쥐어박으면서 지금 이 순간도
글짓기만큼은 소홀히 하지 않았습니다.

하지만 이 작업이 종심(從心)의 나이를 훌쩍 넘겨온 세월동안
혹여 해거름의 붉은 노을이나 빨갛게 물들어 곱디고운 단풍 빛깔은
아닐지라도 하릴없이 불어오는 한줄기 바람에도 맥없이 떨어져
지나는 발길에 속절없이 밟혀 갈가리 부서지는 갈색 낙엽만
아니라면 좋겠습니다.

광산에서 막 캐내어 다듬지 않아 투박하고 날카로운 원석과도 같은
저의 졸시(拙詩)에 한사코 살가운 말씀으로 용기를 북돋아주시는
고마운 분들께 깊은 감사드립니다.

또한 결코 짧지 않은 반백년의 세월동안 험한 길 마다치 않고
오로지 동반의 여정을 말없이 발 맞춰 걸어온 고운 아내 전정숙과
사랑하는 딸 세진과 사위 안일환 그리고 장한 두 아들 세훈과 세원,
착한 며느리 김정혜와 잘 자라준 예쁜 손녀 은영, 은재 멋진 손자
선우와 진우에게 여섯 번째 시집 "별 이야기 6"을 전해줍니다.

드높은 하늘의 별이 내려온 이 가을에…
성담(星譚) 임상호

차례
별 이야기 6

제1부 여정旅程

물기 마른 물고기 · 12
벽, 벽, 벽 · 13
하얀 눈밭에 피는 붉은 꽃 · 14
한낮의 비애 · 15
동구 밖 느티나무 · 16
소리 없는 총성 · 17
검정고무신 · 18
순교자 · 21
쇠붕어 · 22
침묵의 노예 · 21
돌 · 22
좋을 때 · 23
막소주 · 24
선창 · 25
삭풍이 부는 계절 · 26
화무십일홍 · 27

슬픈 여정 · 28
어둠이 내리는 길 · 30
손주 핑계 · 31
내 나이 · 32
서기 2050년 · 33
성황당 · 34
동전의 삶 · 35
황혼별곡 · 36
분홍빛 시절 · 38

제2부 섭리攝理

건축공 · 40
섭리 · 41
굳게 다문 입 · 42
송아지 젖 · 43
나는 돌이로소이다 · 44
세월 · 45
금이야 옥이야 · 46
공평 타당 · 47
향(香) · 48
김장 · 49
빼앗긴 시간 · 50
마음의 섬 · 51
쓰디쓴 꿀 · 52
적막의 객주 · 53
동태의 꿈 · 54
자연에 몸 씻고 · 55

무궁의 겨레여! · 56
옥수수 · 57
달빛으로 몸 씻다 · 56
일기예보 · 59
충성심 · 60
무심(無心) · 61
무언의 대화 · 62
건반 · 63
잡초 · 64

차례
별 이야기 6

제3부 연정戀情

압화(押花) · 66
남과 여 · 67
빨강 · 68
우체통 · 69
꼴값 · 70
부재중 · 71
마중물 · 72
둘이 걷던 밤 · 73
불 · 74
쇄빙선(碎氷船) · 75
흔적 · 76
죽음 · 77
너 · 78
엇갈린 길 · 79
세라피나 · 80
그 여인 · 81

그대여 · 82
그 이름 · 83
니나노 · 84
별 뜨는 밤 · 85
목멘 그 노래 · 86
삼경(三更) · 87
영화처럼 · 88
첫사랑 · 89
시절 그 시절 · 90
산책 · 91
꽃잎 · 92

제4부 사모思慕

구름에 가린 달 · 94
빛바랜 소묘 · 96
잠 · 97
추억 속으로 · 98
당신의 사계 · 99
무언의 대화 · 100
봉선화 · 102
댓돌 위 신발 · 103
장독대 밑에서 · 104
어둠에 싸인 달 · 105
기억의 방 · 106
세월 속 책방 · 108
그리움의 원천(源泉) · 109
누이 · 110
나무에 걸린 달 · 111
굴뚝 연기 · 112

아련한 이름 · 113
사월이 오면 · 114
하늘과 땅의 꽃 · 115
빈자리 · 116
아버지 · 117
그해 사월 · 118
엄마 · 119
청양고추 · 120
여운 · 121
치매 · 122
아버지의 손 · 123

제1부 여정

旅程

발길 머무는 대로
바람이 일러주는 곳으로
떠도는 나그네 길

물기 마른 물고기

아랫마을 당집*의 바싹 마른 북어 두 마리는
명주실에 칭칭 묶여 문간에 매달린 채 종일토록
오가는 이들을 눈 부릅뜨고 보초서고 있다

고요만 머무는 적막한 산사에서 목탁 두드리는
청아한 소리는 그치지 않고 심금 울리는데
하찮은 물에서 노느니 드높은 하늘로 올라가겠다며
야무지게 치솟은 물고기는 지붕에 부딪친 채
더 이상 오르지 못하고 처마 밑 풍경의 추가 되어
밤낮없이 땡그랑땡그랑 소리 내며 수행자에게
한눈팔지 말고 늘 깨어 정진하라 다그친다

한낱 미물들도 저마다 태어난 구실을 하는데
바람같이 지내온 생애 모두가 아직은 청춘이라며
어물전 생선처럼 비린내 펄펄 풍기며 살아온 나는
물기 마르면 진정 무엇이 될꼬…

* 당집 : 신을 모셔 놓고 받들어 위하는 집.

벽, 벽, 벽

회색빛 시멘트 벽 밑에 쪼그려 앉은 노랑 민들레가 그래도
이 번화한 도심 언저리에 한해 기다려 든든한 벽 밑에 터전을
잡았노라고 제 딴엔 꽤나 자랑스러운 듯 방금 수평선 위로
우뚝 올라선 부신 아침 햇살과 맞서 눈싸움하고 있다

꿈 많던 십 년 말단 공 대리는 그리던 봄 맞아 꽃 피운
끈기의 민들레의 바람과는 달리 서푼짜리 알량한 눈길마저
주지 않고 사방이 벽으로 둘러싸인 답답한 사무실의 매사
꽉 막힌 벽창호 같은 백 부장과 하루 일과를 어찌 타파할지
걱정거리라며 건널목의 빨강 신호등 앞에 도시락 가방
어깨에 둘러맨 채 오만상 찌푸리고 서있다

어젯밤 늦도록 겨우 벽면의 반을 채웠던 담쟁이덩굴이
답답한 공 대리의 진급이나 출세와는 아무 상관없이 동떨어진
드높은 담벼락을 손가락 발가락은 어디에 숨겨두고 온몸 뒹굴어
꼭두새벽부터 꼼지락꼼지락 붉은 벽을 오르고 있다

그 흔하디흔하다는
메이커 장갑이나 신발 한 켤레 주워 신지도 못한 채.

하얀 눈밭에 피는 붉은 꽃

그날은 예년과 달리 혹독한 겨울을
체험할 것이라는 일기예보와는 딴판으로
포근하였고, 하얀 나비 같은 함박눈이
저문 길을 포장하듯 하얗게 덮었다.

키 작은 여교수의 차분하리만큼
담담한 설명에 설마하며 귀를 의심해
다시 되묻자 역시 폐암이라는 답을 듣고
초저녁 하늘을 곱게 물들였던 노을이
쫓기듯 사라진 거리를 타박타박 거닐며
남은 삶에 관해 되뇌어 보았다

가슴 깊은 곳에서 토해 낼 때마다 피어나는
향기 사라진 붉은 꽃들의 서글픈 축제

눈밭에 발을 뗄 때마다 한 방울, 다시
한 걸음에 예외 없이 한 방울씩 뜨겁게 솟은
붉은 피는 마치 아름다운 꽃으로 승화되어
그림같이 평온한 하얀 눈밭에 애잔하리만치
어설픈 풍경화를 하염없이 그리고 있는데
가녀린 달빛 한줄기 붉은 꽃에 내려앉는다.

한낮의 비애

가파른 언덕 유모차 밀고 가는
깡마른 노파의 누런 광목 윗저고리는
깡총하게 올라붙어 검게 탄 앙상한
등뼈마디가 고스란히 보인다

빈 병이나 상자며 고철 따위를
고루 주워 모아 싣고 두리번두리번
이 골목 저 골목 누비고 다니는
시대의 고달픈 알바

쏟아지는 뙤약볕 통째로 머리에 이고
땀에 젖은 분홍색 슬리퍼가 벗겨질 듯
위태로운데 오른발마저 절룩거리며
그래도 굳세게 앞으로 나아간다

멀쩡하던 하늘도 슬픈 듯
때 아닌 눈물을 퍼붓자 애써 주워 모은
벌거벗은 상자가 고스란히 젖는다

입에 풀칠은커녕
오늘은 손주새끼 군것질 값도 요원하다.

동구 밖 느티나무

어릴 적, 마을을 지켜준다던 삼사 백 년 된
잎이 무성한 느티나무가 있었다

동네 애어른 모두 나무그늘아래 잡다한 얘기를
나누느라 밤새는 줄 모르고 삼매경에 빠졌다

머리에 시든 꽃 한 송이를 꽂고 온 마을을
헤매고 다니는 언년이와 그녀를 짝사랑하는
덕칠이 아제의 이야기는 철모르는 꼬맹이 시절
내게도 재미있게 듣던 기억이 새록새록 난다

세월이 마냥 흐른 후 마을사람들은 하나둘
객지로 떠나고 먼지 폴폴 나던 길에 신작로가
뻘쭘하게 생긴 후 느티나무 홀로 쓸쓸한
사거리에 청승맞게 남아 있다

지금은 그 누구도 조잘거릴 상대가 없어지자
그때의 두런두런 나누었던 이런저런 사연들을
기억나는 대로 혼자 웅얼거리고 있다

치매 걸린 느티나무 사연은 이제 아무도 모른다.

소리 없는 총성

앙증맞은 대여섯 살의 빨간 단풍 잎새 같은
손에 쥐어주면 어울릴 립스틱 닮은 반짝이는
탄알 한발 장전하고 살아온 생의 마지막
전쟁에 나서는 비장함이 도사리고 있다

굴곡의 인생여정에 굳이 남아있지도 못할
쓰라림의 상처가 마치 온몸에 새겨놓은
즐비한 문신을 숨기고 날카로운 눈빛으로
비일비재한 싸움의 출발선에 선다

이 전쟁에서 반드시 이겨야만 식솔의
생계가 달린 일이기에 결연한 그의 의지를
말릴 수 없지만 막상 전쟁터로 보내야 하는
가족들의 눈가엔 이미 눈물이 흥건하다

세상은 소리 없는 전쟁터다!
마지막 한 발의 총알이 얻고자 하는 과녁의
중심에 제대로 박히기만을 기도하는 마음이다.

검정고무신

허리까지 차는 한낮의 개울가에
예닐곱 꼬맹이들이 모여 왁자지껄
소란스럽게 물장구친다
수초 무성하게 우거진 한쪽에서는
검정고무신으로 송사리를 잡겠다고
연신 퍼 올리고 다시 퍼 올린다
해거름 엄마의 애타게 찾는 소리에
마지못해 옹기종기 집으로 돌아가는
좁다란 골목길에서도 못다 놀은
아쉬움 채우려는 듯 다시금 장난치며
기나긴 하루해를 마감한다
고요를 깨는 소나기가 한바탕 퍼부은 뒤
언제 그랬냐는 듯 암청색 밤하늘에는
은빛 찬란한 뭇별들이 가득하다
댓돌 위 벗어놓은 검정고무신 안의
고인 빗물 속에 아가별 서닛이
어깨동무하듯 다정히 반짝이고 있다.

순교자

커다란 물건들을 이삿짐센터 일꾼들이
구슬땀 흘리며 연립 꼭대기에서 아래로
낑낑 메고 운반하고 있다

저들은 쉴 틈 없이 바빠 움직이는데
명색이 주인이라 하는 인간이 하릴없이
우두커니 있기도 따분하고 거북해서
벽에 걸린 예수의 성화(聖畵)를 떼어
아래로 내려놓자 액자가 걸렸던 벽에는
굵직한 못이 머리를 내밀고 있다

뻘겋게 녹슨 못을 바라보다
괜스레 마음이 천근만근 무거워졌다
너는 순교자처럼 붉은 피를 흘리고
14년을 꼼짝없이 박혀 있었구나.

쇠붕어

고산준령
깊고 깊은 산속에
아담한 절이 숲에 가린 채
가부좌를 틀고 있다

대웅전 처마에
하늘로 치솟다 걸린
쇠로 만든 붕어 한 마리
작살로 허리를 맞은 채
붙잡혀 있다

바람이 불면
뎅그렁뎅그렁 물이 그립다
연신 외치지만 다른 이의
귀에는 맑은 종소리만
아련히 들려온다.

침묵의 노예

아직은 여명이 하늘을 쥐락펴락할 시간
서울의 중심지 종로 5가 자그마한 공터의
드럼통에 피운 모닥불 근처엔 옹기종기
나름대로 인생 무대를 주름잡던 희끗희끗한
백발의 노인들이 저 멀리에서 올 것만 같은
봉고차를 눈이 빠지도록 기다리고 있다
그중 예닐곱 건장한 사내들을 국가대표 선수
선발하듯 태우고 어둠 도사리고 있던 거리를
쏜살같이 꽁무니 감추듯 빠져나간다
나머지 패잔병 같은 노인들이 근처에 있는
파출인력 사무소에 떼 지어 가서 익숙한 듯
빈 의자에 앉아 소장의 눈치만 살피고 있다
운 좋은 이들 몇 명이 잡부로 뽑혀 하루의
정해진 품삯을 받고 떠나면 이윽고 동이 터
창문이 밝아올 무렵까지 팔려나가지 못한
이 시대의 처량한 노예들은 아무런 말도 없이
제 각기 흩어져 분주하게 시작된 아침 햇살이
눈부신지 고개를 푹 숙이고 또다시 기약 없는
내일의 새벽을 기다린다.

돌

생김이 울퉁불퉁 때로는 거무튀튀한 모습에
푸른 이끼마저 제집인양 터를 잡고 지내도 나는
벙어리 냉가슴 앓듯 눈 딱 감고 삽니다

이런저런 아무런 처세도 격식도 따지지 않고
높은 이상과 위상마저 모두모두 뒤로한 채
이리 채이고 저리 밟히며 억겁의 세월 한평생을
내 조상들처럼 휘둘리며 살았답니다

어느 누가 검다 하면 검은 대로 희다하여도
아무런 말 한마디 못하고 그저 초지일관 깊은 뜻
가슴에 숨겨 쥐죽은 듯 살았지오

세치 혀 나불대며 멋과 흥에 겨워 맘대로 사는
인간 세상의 잘나빠진 군상 바라보며 비록 발길에
채일망정 이놈저놈 굽실굽실 눈치안보고 이리 뒹굴
저리 뒹굴 밟히며 살아도 숙명이라 여깁니다

나는 비록 꽃이 피는 흙보다 못한 삶일지언정
떳떳하게 하늘만 보고 사는 돌이로소이다.

좋을 때

아버지 손에 이끌려
피난길에 일가친척 모두 잃고
고아원에서 지내며 자랐다는
기억자로 허리 굽은 김 영감님
어릴 적 목수일 배우다가
망치로 손을 헛 때린 바람에
불구가 되셨단다

한잔 술에 거나해지면
어른 애 할 것 없이 바라보며
좋을 때다, 좋을 때를
입버릇처럼 달고 사셨는데
좋을 때를 과연 만나보셨는지
어제 저녁도 얻어 잡수신
소주잔을 푸념으로 안주하시고
집으로 가셨다는데
밤새 안녕이라고 날도 밝기 전
하늘로 가셨단다

그곳에선 정말
좋을 때 만나셨으면 좋겠네.

막소주

마치 이 시대의 패잔병 같은
군상들이 해 저문 어둠 속을 헤치고
약속이나 한 듯 비좁아터진 공간에
하나둘 모여 든다

세상의 슬픔은 홀로 다 챙긴 노인
쓰라린 가슴 달래려 찾아온 젊은이
저마다 말 못 할 사연은 넘치도록
갖가지로 고루 갖췄다

찌들고 어두운 몰골로 보아
서로가 서로에게 한 푼어치의 동정도
베풀 수 없음에 그저 서둘러 벌컥벌컥
들이키고 떠나는 사람들

비탄의 소리마저 핑계 같아
한마디도 내뱉지 못할 그들에게
안주도 없이 마시는 쓰디쓴 막소주는
그래도 세상 마지막 위안이 된다.

선창

한때는
커다란 배의 짐을 부린
선원들이 떼거리로 몰려와
시끌벅적하던 술집

낡은 술집의 주모는
어울리지 않는 화장으로
애써 꾸몄지만 세월의 주름은
지워지지 않는다

이제까지 법석이던 선창은
시간과 기억에서마저 사라지고
적막만이 자리 잡았다

폐선 한 척이
도망도 못 간 채 선창가에
널브러져 세월이 만들어놓은
녹이 붉게 슬었다

바람은 오늘도 불어오지만
이제는 비린내마저 사라졌다.

삭풍이 부는 계절

흰나비 같은 눈이 내리는
옛 풍경은 동화 속 이야기에 불과하고
지금은 때 이른 삭풍이 부는 계절

진눈깨비 내리는 음산한 날에
육신은 금방이라도 얼어버릴 것 같은데
겨울의 중심에 서서 상념에 젖은 채
마치 맞짱 뜨듯 꼿꼿이 서 있다

군상들의 발걸음이
삼삼오오 떼 지어 걷듯 바빠지고
식어버린 심장의 고동소리마저 멎은 밤
봄날의 꽃을 미리 그려본다

저만치 봄의 정경을 싣고
백마가 이끄는 꽃마차는 아닐지라도
자동차의 불빛이 겨울답지 않게
참 밝고 포근하다

몸이야 바람에 얼지언정
옛 기억 간직한 마음은 늘 봄날이라네.

화무십일홍

호박꽃이면 어떻고
엉겅퀴면 또 어떠랴 키 작은 채송화며
흐드러진 메밀꽃에 눈길도 주지 않던
괭이눈꽃까지 모두 좋다 했는데

꽃이 피면
웃음꽃도 피고 없던 정도
저절로 한 백 년 그리 살 것만 같더니
그 꽃 시드니 모두 이별이라네

붉게 타오르다
노을마저 기운 저문 강에 발 담그고
꽃놀이하던 세월의 저편에 서서 바라보니
그 시절로 언제 다시 갈고나

화무십일홍이오
권불십년, 인생무상 공수래공수거로세

슬픈 여정

꺼질 줄 모르고
불타오르던 사랑의 불이
하얀 재만 남기고
사윈 지 한참을 지났다

이별의 아픔과
여명이 아직 가시기도 전
마치 바람에 이끌리듯
어둠의 길을 연다

구름사이로
반쯤 몸을 감춘 달이
어스름 빛을 내리는 이 밤
무거운 발길 옮긴다

뺨을 타고
흐르던 눈물도 마르고
이제 더는 아파하지 않아도
좋을 텐데 아직도 서럽다

인생이란
어차피 행복과 설움이
공존하는 것이라 여겨도
왜 슬픔만 존재할까

날이 새면
새 희망이 샘솟으리라는
자위의 말을 뇌리에 넣지만
절망은 가시지 않는다

퍼덕이던
날개를 접은 새처럼
축 처진 몸뚱이를 달래며
애련의 고개를 넘는다

떨어지지 않는 발길
그래도 앞을 향해 가는데
비바람에 눈까지 내리는구나
그치지 않고 내리네.

어둠이 내리는 길

을씨년스러운
겨울의 저녁은 마치 사랑하는 이가
이별의 말도 없이 훌쩍 떠나버려
재앙이 내린 도시와 같다

대낮부터 꿰제제한 하늘이
무엇인가 서러움으로 가득 채워
툭툭 건드리면 애써 참았던 눈물을
한없이 쏟아 붓고 싶은 날이다

훨훨 내리던 함박눈이
슬픔에 잠겼는지 진눈깨비로 변해
반백의 머리 위에도 어깨에도
아랑곳없이 내린다

갈길 잃은 나그네의
발길마저 막아서는 어둠 내리는 길
영혼마저 방황하는 이 황량한 저녁을
뉘 위로해 주리오.

손주 핑계

갑자기
들이닥친 손주들을 데리고
청요리가 어떠냐고 꼬인 후
중국집으로 간다

어느덧
아장아장 걷던 시절 끝내니
성큼성큼 할아비 걸음에 맞춰
양옆에 손잡고 나선다

청요리라고 해봐야
그 녀석들 좋아하는 자장면에
탕수육 그리고 술안주로
팔보채와 유산슬을 시켰다

손주들 핑계로 노을처럼
얼굴을 붉게 물들이고 돌아오는
그 길이 마냥 좋기만 하다

이 녀석들아
할아비 생각해서 자주 오려무나~

내 나이

내 나이 열일곱이던 밤
하늘의 별들도 나만의 별이고
꽃들도 오직 나만을 위해
피리라 여겼었지

내 나이 스물일곱의 봄
곱디고운 꽃 닮은 여인을 만나
백 년을 함께 살자 하며
손가락을 걸었네

내 나이 쉰 무렵의 시월
꽃과 같이 길렀던 고운 딸내미를
나 닮은 청년에게 넘겨주고
한참을 울었네

내 나이
일흔이 훌쩍 넘은 봄
양지바른 들녘에 나란히 누워
팔베개를 하고 잠들고 싶네.

서기 2050년

벌써
십 년이라는 세월이
시냇물 흐르듯 셈도 못하고
지나가버린 시간

술 마실 때마다
알코올이 17%니 물은 83%라며
그러니 술은 술이 아니라
물이라고 우기던 인간

건강한 사람은
굳이 알코올이 필요치 않으나
죽음 앞둔 폐암 4기 판정을 받은
자신 같은 환자는 필요하다고
궤변을 늘어놓던 그 인간

그 인간 지금도
하늘나라에서 쓰디쓴 소주를
물이라고 박박 우기며 글라스에
벌컥벌컥 들이켜고 있으려나.

성황당

언제부터인지
꽤나 오래된 전설 간직할법한
마을 입구의 성황당 나무

때 아닌 화재로
당집 할멈이 불에 타 죽고 나서도
여전히 도통한 신령이 있다고
많은 이들이 치성을 드렸지

세월이 한참 흐른 뒤
삶에 허덕이던 보릿고개 시절엔
강보에 싸인 애꿎은 갓난아이들이
성황당 나무 아래 있었지

버린 아이를 되찾겠다고
방방곡곡 돌아다니다 지쳐버린
실성한 여인이 그 나무아래 다시는
깨지 못할 잠을 청하고 있네.

동전의 삶

머리 위로
쏟아지는 태양 볕 고스란히 받고
발을 절룩이며 지팡이에 의지한 채
여름의 중심을 걷는다

노인의 꿰제제한
검정 바지 주머니에 짤랑거리는
동전의 부딪치는 소리가
울음소리보다 더 진하다

꼬르륵
민망하지도 않은 일상의 삶에서
동전 몇 닢은 마른침 삼키며
걷는 발길에 음악처럼 출렁인다

만지작만지작
빈창자 채우지도 못할 동전은
오늘도 짤랑거리며 바지춤에서
고단한 하루가 잠든다.

황혼별곡

조잘대는
숲의 새소리도 정겹고
졸졸 시냇물 흐르는 소리마저
청아하게 들린다

제 맘대로 싹 틔워
볼품없는 하얀 꽃을 피우는
들녘의 넉넉함과 그 꽃 흔들며
지나는 바람도 좋기만 하다

초연히
방랑 길 떠도는 드높고
푸른 하늘 흰 구름도 마냥 부럽고
달과 은빛별도 그립다

왁자지껄
소란스럽게 떠들며
이리저리 겅중겅중 제 마음대로
뛰어노는 아이들도 귀엽다

남녀노소
나이에 관계없이 한잔 술 건네며
마음 편히 지껄여도 아무런
흥이 되지 않는 사람들이 좋다

아쉬움 뒤로하며 서산너머에
붉은 노을 한 점 남기고 떠나는
황혼의 정경도 아름답다

대롱대롱 매달리다 떨어져
뒹구는 노란 낙엽 하나 주워 들고
씁쓸했던 옛 추억 더듬어보며
시름에 잠겨도 좋다

인생 백 년
채우지 못해 아쉬움 있을지라도
불꽃처럼 한없이 타오르다 재가 되듯
이제는 미련 없이 눈감아도 좋으리…

# 분홍빛 시절

반백년 훌쩍 지나온
세월의 흐름이 남긴 기억 더듬어
옛 시절의 그 길을 다시 거닌다

천년 고도의 숨결이
마치 살아 숨 쉬는 듯 느낌이
아직까지 뇌리에 가득하고 덩달아
가슴은 그날처럼 설렌다

한 아름 추억 싣고 불어오는
바람결에 실려 온 분홍빛 꽃잎 한 장
나풀거리며 발 앞에 머문다

해거름에 붉게 물든
노을을 바라보며 다시금 추억 속에
거니는 그 옛날 옛적 곱기만 하던
아내와의 신혼여행길.

제2부 섭리

攝理

하늘이 미리
정해 놓은 이치대로
순명하며 사는 삶

건축공

태어날 때부터 고공 공포증이 있어
아찔한 일은 절대로 하고 싶지 않았었지만
주둥이에 풀칠하고 사는 일인지라 나만 싫다고
고개를 절레절레 흔들지는 못하겠네요

누군들 하나뿐인 목숨 내어놓고 63빌딩보다
훨씬 더 높은 까마득한 곳에서 명주실보다 가는
외줄에 매달려 새벽 줄타기를 하고 싶겠어요

씨줄 날줄, 변변한 설계도마저 없이
정해진 축조 법에 의한 벽돌 쌓기도 아니고
노령연금도 없이 달랑 자급자족 꽁무니에서
누에처럼 실 뽑아 집도 짓고 투잡으로 먹잇감
사냥도 하는 진정 이 시대의 노동자에요

어느 촉새 같이 시건방 떠는 인간은 마치
나를 모욕하듯 그 잘난 세치 혀 나불거리며
설마 산 입에 거미줄이야 치겠냐는 빈정거림도
그저 무념무상의 부처님같이 너른 마음으로
송충이 솔잎 먹듯 거미 본연의 나는 묵묵히
영롱한 새벽이슬 맺힌 멋진 집을 짓지요.

섭리

가진 것 없다며
하늘에 대고 투덜거린다고
다 이루어지지 않는다

날 때부터
어엿한 집 한 채 갖고 태어나는
달팽이라고 부자이겠느냐

종일토록
걷느라 삭신이 쑤신다는
족속들아, 그럼 평생 엎드려
기는 뱀이나 되려무나

제 팔자는 조물주가
태어날 때부터 미리 정해준
이치에 따라 사느니라

태어나서 모은 것은
떠날 때 울고불고 떼 써봤자
결국 다 버리고 벌거벗고
빈손으로 가느니라.

굳게 다문 입

시끄러운 소음에 시달려
차라리 입이라도 다물었으면 하는
생각이 들자 바로 위아래 입술에
자물쇠를 굳게 채웠다

적막이 세상을 잠들게 하였으나
고요 속의 세월과 시간은 멈춤 없이
강물처럼 유유히 흘러만 간다

호수의 수면 위 백조 한 마리
방금 왈츠를 추다 만 듯 정지한 채
미동도 하지 않는다

저리 떠 있을 땐 보이지 않던 두발이
물속에서는 얼마나 분주한가

꾹 다물고 있는 입 속의
별의별 참견하고 싶은 환장할 혀는
얼마나 꿈틀대고 있는지.

송아지 젖

음매 소리 해거름에 들리면
노을은 잠시 꽃처럼 붉게 피어나더니
존재도 없이 사라지고 시와 때를 잊은
어미 소는 퉁퉁 불은 젖 짜달라고
뒤웅박만 한 젖통을 들이댄다
이곳저곳 다 모아 나중에는
소젖 하곤 생뚱맞게 거리가 먼
깡통에 담아 분유라는 이름으로
튼튼하게 잘 크라고 귀한 집 삼대독자
갓난아기 먹거리로 둔갑한다
소가 짜낸 젖은 송아지가 먹어야지
어이해 만물의 영장이 훔쳐 먹나.

나는 돌이로소이다

청아한 숲을 지나 마주친 능선 홀로 거닐다
무심히 내딛는 발길에 차여 나무 밑동 옆으로
나동그라진 돌조각이 거슬린다

태고로부터 지금껏 얼마나 많은 이들의 발길에
이리저리 부딪치고 채이며 뒹굴었을 볼품없이
흔해빠진 돌에 어인 연민이 생길까

억겁 세월 이어져오는 하찮은 태생인지라
인고의 숱한 시간 속 모남과 투박함 다듬어
각진 그 모습 사라지고 둥글둥글 변했다오

온갖 놈들의 수없는 발길에 차여도 그저
침묵은 금이라 믿고 벌릴 입조차 없다는 죄로
아무 데서나 자빠지는 나는 돌이로소이다.

세월

가는 것
본 적도 없건만
흐르는 것 역시 누구도
본 적이 없다

그럼에도
가고 또다시 간다는 세월
흐른다는 세월 어느 누가
본 적 있는가?

앞만 보고 살면
그렇게도 보이지 않던 세월이
뒤돌아보면 또렷하게
보이는 세월

세월은
그 누구도 아무도 모르게
순식간에 잰걸음으로 간다
야금야금 간다.

금이야 옥이야

뒤뚱뒤뚱
오리걸음 걷듯 발 떼기 시절
어느새 지나가고 육상선수처럼
쏜살같이 내달린다

뽀뽀랍시고
이마와 뺨까지 온 얼굴을
침으로 도배하곤 낄낄거리던
개구쟁이 손주 녀석들

세월은
그렇게 지나가고 꼬맹이들은
어느새 훌쩍 자라 할아비보다
한 뼘은 더 크게 자랐네

금이야 옥이야
눈에 넣어도 아프지 않다던
노인네들의 말씀이 옳은 걸 아니
이젠 나 역시 늙었구나.

공평 타당

구름도
바람에 이끌려 흐르고
강물도 아래로만 흐르는데
어이 세월만 거슬러 옛날로
흐르라 하는가

청춘의 시절
뉘라서 그리운 줄 모르랴마는
푸르른 젊음 대신 고귀한
연륜은 얻지 않았는가

세상사
누구에게나 공평하거늘
욕심 많은 제 생각에 맞추니
어그러져 보일 뿐이로세.

향(香)

고운 꽃이 피어남을
화향(花香) 십리(十里)라 한다면
청아하고 알싸한 숲의 솔 향은
백리(百里)라 할 것이다

난(蘭)의 향기를 천리(千里)라 치면
인향(人香)은 만리(萬里)라 하지

두고두고 기억 속에 박힌
아름다운 여인의 향기는 어떠하며
다듬고 또 다듬어진 문장으로
우리네 정서를 일깨워 주는
시의 향기는 몇 리쯤 될까?

김장

적당 껏
가지치기하듯
시든 이파리 떼어내고
굵은소금 훌훌 뿌려
못된 자존심 저린 다음
하루 반나절쯤 지나
맑은 물로 사이사이 씻어
정신 차릴 틈도 주지 말고
새우와 황석어젓에
시뻘건 고춧가루
범벅되도록 만든 후
한해를 지내면
그놈의 성질머리 잠재운
새로운 인간이 되어
불쑥 나타나려나.

빼앗긴 시간

붉은빛이 좋아
해돋이와 해넘이에 머물면
몇 시간을 빼앗기고
갈증 해소를 위해
한잔의 곡차를 마신다면
하루를 빼앗기고
막 피어난
꽃의 은은한 향기에 취하면
열흘의 시일을 빼앗기고
그대의
고운 모습에 마음이 머물면
자그마치 어언 반백년의
세월을 빼앗긴다네.

마음의 섬

내 마음
깊은 곳에는 과거도 미래도
여전히 살아 숨 쉬는
지금도가 있다

어제의
수많은 역경을 이기며 또한
숱한 슬픔을 딛고 버틴
어제도가 있다

그리고
어제의 고난을 스승으로 삼아
오늘도 그 영광을 마음에
되새기며 산다

이제
내일도 꿈의 도약을 위한
마지막 힘을 내기 위하여 또다시
무뎌진 칼날을 예리하게 간다.

쓰디쓴 꿀

인생 여정의 마디마디
그 어디에 그 어떤 일이라도
제 맘대로 되는 일이란 단연코
꿈 이외엔 없다

헤일 수 없는 고통과
좌절로 이어지는 수많은 날들이
인내의 수확 얻을 그날까지
얼마나 많은 아픔이 있었을까

달콤한 꿀의 유혹과
모든 씁쌀함으로 나뉜 경계에서
누군들 험난한 고난을 원하고 싶어
택한 사람은 없을 것이다

수없이 끼진 무릎의
상처인 피떡이 꽃으로 피기까지는
눈물로 얼룩진 아픔의 토양이 되어
응어리진 슬픔까지 길들였겠지.

적막의 객주

삼라만상이
고요의 순간으로 뒤덮일 때
적막은 길 잃고 헤매는 추억 들춰
밤의 동행자로 삼는다

시간에 지친 거리의 불은
하나둘 모두가 깊은 잠이 들 무렵
떨어지지 않은 닫힌 입술 열어
애련의 비가(悲歌)를 부른다

고요의 세계에 갇힌
뭇별과 가녀린 빛 내리던 달빛도
사라지며 마침내 긴 하루가 저물 때
문득 객주의 창 두드리는 그림자

묵언의 시점에서 침묵으로
소리 없는 대화는 끝도 없이 이어지다
적막과 함께 객주도 문을 닫는다

아픔의 토양에
응어리진 슬픔까지 모두 껴안은 채…

동태의 꿈

시장 좌판에
꽁꽁 얼어붙은 동태궤짝이
연립주택처럼 차곡차곡 쌓인 채
오가는 이의 눈길을 잡는다

세 마리를 달라하니
궤짝채로 패대기쳐서 떨어져 나온
동태를 봉투에 담아준다

얼어 죽은 동태는
말조차 하기 싫은 듯 멀뚱멀뚱
눈만 치뜨고 있다

해동을 하고
도마에 올려놓으니 죽은 듯이
널브러져 있던 놈이 파도에 이끌려
금방 물속으로 뛰어들듯하다.

자연에 몸 씻고

여명에 초록 일색의 숲에 드니
그 알싸한 솔 향이 온몸에 번져
폭포에 정좌하고 물매를 맞는 일일랑
굳이 하지 않아도 되겠더라

눈길조차 마다하는 햇살아래
영롱한 이슬 머리에 인 잎새들과
찰나처럼 마주보고 울창한 숲에
숨겨놓은 옥구슬 같이 빛나는
작은 시내를 마주한다

청아함에 마음이 호사를
누릴 틈조차 없이 삶에 찌든 몸이
자연에 저려져 어제와는 딴판으로
마치 신선이 되어 숲길 나서는데
다시금 만신창이 흙탕물 같은
세속에 물들까 두렵다.

무궁의 겨레여!

하찮은 잡초도 발에 밟히고 또 밟혀도
거듭 허리를 곧추세워 다시 일어나고
한 알의 작은 씨앗은 황토를 밀어 올려
아름답고 고운 향 간직한 꽃을 피우듯
잠시 어둠 몰아내고 다시는 범할 수 없는
찬란하고 굳건한 나라를 만들리라

희망을 잃은 참담한 암흑의 세계에서
북받치는 설움과 좌절을 딛고 피를 토할
울분과 치욕의 세월을 가슴속 깊이 새겨
우리는 반만년 유구한 역사를 발판 삼아
불굴의 투지 앞세워 힘차게 나아가리라

고난과 역경 속에서도 굴하지 않고 피워낸
겨레의 꽃은 낮과 밤을 지나 천년, 만년의
시간이 반복되어 흐른다 하여도 지지 않을
억겁의 세월 모두의 가슴속에 활짝 피어
목청 드높여 영원무궁토록 노래하리라
무궁의 겨레여, 위대한 대한의 민족이여!

* 광복의 순간을 다시 기리며…

옥수수

방금 쪄내온 탐스런 옥수수를
빙글빙글 돌려가며 톡톡 터지는
알갱이를 씹는 맛이란…
줄줄이 돌려먹고 성한 곳 없이
요리조리 모조리 빼먹으니
앙상한 속대만 남았다
새끼가 자랄 때까지 자신은
굶으면서 알을 뱉어버리지 않고
입안에 품어 부화시킨 후 수컷은
결국 굶어 죽는다는 천축잉어나
제 피를 태어난 새끼거미에게
모두 주고 껍질만 남아 죽는
어미 거미의 이야기를 기억하며
마치 부모의 등골을 빼먹는
불효를 저지르고도 아무런
가책 없이 태연하게 살아가는
요즘의 세태를 바라보는 것만 같아
마음이 썩 편치 않은 오늘이다.

달빛으로 몸 씻다

햇살 스민 초록에 눈이 시린 숲길을
차마 새들 놀랠세라 살며시 발걸음 옮기고
들숨날숨으로 걸러진 맑디맑은 물 한 모금을
혼탁함으로 인해 타는 갈증의 마음 적신 후
신선함으로 채운 숲의 정기가 스며들어
온 몸은 생동감으로 채워진다.

청정의 산야에 어울리는 정갈한 몸과 마음
찌든 영과 혼을 달래며 흐르는 옥류(玉流)의
맑은 물줄기로 정수리부터 씻고 나면 아마도
창공을 나는 작은 새의 깃털처럼 가벼워
이 몸도 두둥실 하늘로 솟구칠 테지.

혼탁한 세상, 만연하는 물욕, 탐욕과 헤어짐은
마치 초연히 빛나는 저 달빛으로 몸 씻고
청아한 숲 돌아 나온 신선한 바람으로 말린 후
졸졸 흐르는 냇물에 편승한다면 그곳이 바로
살아생전 그토록 다다르고 싶던 천국이겠지.

일기예보

맑고 흐린 날이 교차되는 날씨처럼
인생은 돌고 돈다지만 인생과 같이
돌고 도는 빨래는 드럼세탁기 물속을
다람쥐 쳇바퀴 돌리듯 돌고 돈다
한참을 돌다 보면 정신 들기도 전에
허공에 솟구쳐 빛나는 태양아래
젖은 몸 말리기에 하루를 보낸다

하루의 날씨쯤이야 신(神)이 아니라도
알고 지내야 한다지만 구름이 잔뜩 끼면
비가 내린다는 것은 알만한 어른이기에
젖기 위해 태어난 우산을 들고나가면
역시나 이슬비, 보슬비에 소나기까지
뭐든 주저 않고 반기는 체질의 우산에
고마운 마음에 하루를 보낸다

오늘은 날이 맑으려나 비가 오려나.

충성심

나의 주인은 육척도 안 되지만
그가 늘 생각하는 이상은
그 누구보다 높고 높습니다
이런 주인을 모시는 나는
그의 무릎보다 더 낮춰 주인의
자존심을 높여줍니다
그의 머리칼은 검정이어서
저도 검정으로 때깔을 맞췄지만
어느새 주인의 머리색은
백발이 되었지요
그래도 저는 검정을 고수하지만
주인이 바람이라도 피울 요량으로
갈색으로 옷을 바꾸면 저 역시
갈색으로 바꾸기도 합니다
주인이 가는 길에 앞서거나 뒤로
쳐지는 일없이 보조를 맞췄지만
세월이 흘러 내가 늙어 바닥이 나면
사정없이 수선 집에 가서 수시로
뜯어고쳐 나의 형체도 바뀌지만
나는 주인을 향한 충성심으로 오늘도
발아래 깔린 채 길을 거닙니다.

무심(無心)

하얀 종이 위에
검정 글씨로 또박또박
무심(無心)이라 적어놓고
마음을 가다듬는다

가져야 할
욕심과 버려야 할 욕심 중
마치 옥석을 가리듯이
양쪽으로 나누어 놓는다

왠지 버리기엔 아직도
아까운 노욕에서 벗어나기가
이처럼 힘들다

없을 무(無)
하나 버리기가 통째로
버려지는 것 같아 양심속의
나를 가만히 쳐다본다

마음 심(心) 자 한자가
숨긴 마음속을 꿰뚫어 본다.

무언의 대화

산에게 물었습니다
산은 내게 장엄한 역사의
한쪽을 펼쳐 보이며 한사코
때를 기다리라 합니다

바다에게 물었습니다
바다는 내게 깊고 깊은 심연의
비밀을 아무도 몰래 가슴깊이
간직하라 일러줍니다

들에게 물었습니다
들은 내게 가슴을 열어 눈에
보이지 않는 것들도 모두
품어주라 하였습니다

꽃에게 물었습니다
꽃은 수줍은 듯 분홍빛깔로
내게 말해줍니다 겉보다
속이 더 화려하라고…

건반

이 동네는
모두 2층짜리 연립주택단지인데
1층은 모두 하얀색이고
2층은 검은색이에요

도씨와 라씨는
얼핏 보아도 한국인인 것 같고
옆집은 레바논 레씨, 미국인 미씨
파리에서 온 파씨와 솔로몬 제국
솔씨와 시리아에서 온 시씨

이렇게 일곱 가구가 연달아 살아요

가끔은 누가
두드려 패며 폭력을 행사하는지
저마다 아파 째지는 소리를 내는데
합창으로 들으면 괜찮네요.

잡초

비바람 몰아쳐도
뙤약볕이 종일토록 머물러도
태생이 모질고 질긴지라
꿈쩍도 안 한다

키는 작고
꽃마저 피지 않지만
엄연히 녹색의 식물인지라
신분을 잊지 않는다

아름드리 거대한 나무는
송두리 채 뽑혀 쓰러지지만
머무는 곳 어딜 지라도 뿌리 깊은
나는 견딜 수 있다네.

제3부 연정

戀情

한없이 채워도
결코 해소되지 않는
갈증의 이유

「압화(押花)

포근한 산과 들에
마치 무차별로 전단지 돌리듯
하양, 노랑, 분홍, 파랑, 빨강 꽃이
저마다 독특한 자태를 뽐내듯
흐드러지게 피는 봄이다

뿐만 아니라
너도나도 꽃이 되고 싶은지
울긋불긋 원색의 패션 자랑하며
애어른 상관없이 모여든 상춘객이
산야를 메우고 있다

백 바지 주름 세워 멋 부린
어여쁜 아가씨는 꽃밭에 눌러앉았던
펑퍼짐한 엉덩이에 아무도 몰래
새봄에 피어난 고운 꽃 한 송이
훔쳐가지고 떠난다.

남과 여

사랑이라는 달콤함에 취해
쓰디쓴 독배를 들어본 남자와
풋사랑의 단어에 매혹을 느끼는
철부지 소녀의 만남

밤의 적막이 얼마나 외로운지
아는 남자와 맞잡은 손이 혹독한
겨울 추위도 녹여 주리라 여기는
망상만이 가득 찬 소녀

하루 종일토록 굶으면
사랑도 소용없다는 남자와
그깟 끼니쯤은 걸러도 괜찮다며
사랑은 모든 걸 채운다는 소녀

아픈 사랑도 입술에 따라 달게
느끼게 된 남자와 어설픈 사랑을
괜스레 배워 죽고 싶다는 소녀

알면 알수록 어렵고
모르면 모를수록 힘든 사랑이야기.

빨강

담장 가득
매혹의 빨간 장미 꽃잎에
점점이 수를 놓듯 영롱하게
맺혀있는 아침

둥둥둥 북소리처럼
새빨간 태양이 아침을 열고
붉은 노을이 황혼을 예찬하듯
종일토록 하루를 이어간다

젊음의 상징처럼
정열의 불꽃을 피우듯
한밤의 열기 속에 어우러지는
추억 어린 모닥불 향연

늘 마음속에 담아
붉은 무리 중 군계일학 같아
밤과 낮 언제라도 탐하고 싶은
사랑스러운 그대의 입술.

우체통

감옥이
따로 없었지요
가녀린 내 몸 위로
온갖
잡년 놈들의 사연
차곡차곡 쌓여
숨조차 쉴 수 없었어요
하룻밤
시달린 끝에
겨우
아침의 햇살 보며
긴 숨을 쉬었지요
이젠
그리운 사연
빼곡히 담고
당신에게
달려갈 거예요
그리운 당신
보고픈 당신
그나저나 당신의
번지수는 맞으려나?

꼴값

옛날이나 지금이나
지지리 궁상을 떨고 있는
자아를 발견한다

젊은이는 젊음대로
늙은이는 늙음대로 하나같이
푸르던 시절만큼은 절대로
변하지 않음도 안다

남녀가
두루뭉술 하나가 되어
모이는 곳에서는 너나없이
다정한 친구가 된 듯
순간을 즐긴다

하지만
젊음의 세월 다 보낸
황혼의 늙은이라 할지라도
여럿의 친구대신 나만의
애인이 갖고 싶다

부재중

너와 함께 마시던 그날
그리고 백날이 지나 그 백날이
열 번쯤 지나간 지금까지도
술잔은 여전히 투명하다

한잔을 마시고
다시금 따라놓은 잔에 어린
정감어린 미소 그리고 소녀처럼
해맑았던 너의 상기된 모습을
추억에서 꺼낸다

다정하던 그때와는
사뭇 다른 생각으로 밤은 점점
새벽을 향해 달려가지만 그러나
너는 지금 여기에 없다

쌀쌀함에도 봄날처럼
불어오던 훈풍도 귓가에 머물던
이야기도 이제는 그리움이란
이름으로 사라졌다.

마중물

한 바가지 물을 붓고
삐거덕삐거덕 손잡이를 오르내리면
펌프의 주둥이에 졸졸거리며
물이 뿜어져 나온다

사랑해!
이 한마디 해달라고 조르는 여편네
그리고 마지못해 마중물 부은 펌프처럼
삐걱거리며 내뱉는 사랑해!

별것 아닌
한마디 말 듣기 위해 무려
반백년이 족히 걸린다는데 죽고 난 다음
백 마디를 한꺼번에 해주려 아끼는지

이 한마디 못 듣고 사는 사람은 세상에
아마 우리 마누라 말고는 없겠지.

둘이 걷던 밤

비 내리는 거리
작은 우산에 두 몸 감추듯
틈새마저 없이 흡사 한 몸처럼
붙어 거닐던 밤길

어깨에 기댄 당신이
흥얼거리듯 노래를 부르면
장단 맞추듯 휘파람 불며
그 길을 걸었지

네온이 점멸하는
꽃집에 들러 당신 닮은
노란 프리지어 한 다발 엮어
가녀린 손에 쥐어주었지

오늘도 그날처럼
비가 몹시 내리는데 당신 없는
쓸쓸한 밤의 꽃집엔 여전히
노란 꽃이 피어있네.

불

타는 가슴
한잔의 술이 들어가니
온몸 구석구석 화끈거리듯
불길이 치솟네

저녁노을도
저리 붉은 걸 보니
엊저녁 태양도 남모르게
진하게 걸쳤나 보다

아니, 아니
앞산 뒷산 아래에서 위까지
온산이 불붙었으니
이를 어쩌랴

만산홍엽
붉게 물드니 언제 보아도 좋은
임의 고운 손 마주 잡고
단풍놀이 가자꾸나.

쇄빙선(碎氷船)

삭풍에
시달린 처마 밑 고드름처럼
차가운 마음을 녹여줄 사람이
나에게 남아 있는가

정수리에
내리는 눈처럼 차가운 마음
그 누가 툭툭 어깨를 두드리며
살갑게 달래 주겠는가

냉정의 정점에서
열정으로 치닫는 불꽃 타오르듯
얼음 깨트릴 수 있는 쇄빙선이
바로 너였으면 좋겠네.

흔적

아직은
여명이 가시지 않은 새벽녘
어젯밤 문풍지 긁으며 싸락싸락
내리던 눈을 쓸어버립니다

간밤엔
눈 내리는 소리 이외에는 없었는데
임의 발자국이 창에 머물다
가버린 흔적만 남아 있습니다

아마도
꿈결에 제가 보낸 사랑의 정표를
읽어보다 허전한 마음 들어
예까지 오셨나보옵니다.

내일은
임의 마음에 불현듯 다가서 좋아한단
귀엣말 전하러 가렵니다

그럼 어제처럼
살며시 제 맘에도 다시 오실는지요.

죽음

사랑하다
헤어지면 가슴이 아프고
죽고 싶을 만큼 애가 탄다고 해도
결코 죽지는 않아

이별이
서러워서라기보다
더 이상 너를 볼 수 없다는 것이
죽고 싶은 이유야

하지만
너를 못 보고 가슴이 찢어질 만큼
아프다고 서럽다고 해서
정말 죽고 싶지는 않아

다만 죽지도 않고
아무렇지도 않은데 괜스레
너를 생각하기만 해도 쓸데없는
눈물이 맺힐 뿐이야.

너

마치
미세먼지와도 같아
보이지도 않았지

어느 날
가슴을 열어보니
너로 가득하더구나

이젠
너로 인해 나는
존재마저 없구나

하늘을 보면
반짝이는 별만 보이듯
사방팔방 둘러보아도
온통
너만 보이더구나.

엇갈린 길

행여 이별을 감지하고
떠난 길도 분명 아닐진대
오늘 걷는 이 길은 이다지도
생경스럽기만 하네

나는
그대 찾아 동으로 가고
혹여 그대는 날 찾아 서쪽으로
발길 옮긴 것은 아니신지

발 뗄 때마다
한걸음, 두 걸음 점점 멀어져
별빛 달빛마저 낯설고 생소한 길
정처 없이 걷고 있네

만남은
올바른 길 택했었는데
어이해 헤어짐은 종잡을 수 없는
머나먼 길 헤매고 있는가.

세라피나

세라피나!
내 붉은 심장이 밤을 새워
두드리는 장엄한 북소리 들리시나요

그 밤 뱃고동 같이
오로지 그대만을 향해 애달피 퍼져가던
사랑의 목소리 들으셨나요

그해 여름
내리는 소나기에 온몸 적시며 애타게 부르던
그 목소리 여전히 기억하시나요

아름답던 그 모습
어느덧 반백년 세월 가니
이젠 굴참나무 주름처럼 깊어졌을지라도
당신은 여전히 곱습니다

그날의 외침
아직도 이리 귓전에 생생한데 내 어이
당신 사랑하지 않으리오.

그 여인

그녀와 함께
낯선 곳 오백 리 길에 머무니
암청색 하늘엔 성근 별들이 떠있고
땅엔 어둠이 소리 없이 깃든다

이 골목 저 골목 거닐다
한줄기 정겨운 불빛이 새어 나오는
허름하고 작은 술집에 들어선
마치 이방인 같은 그녀와 나

찌그러진 냄비엔 안줏감이 끓고
주고받는 술잔은 굳이 말이 없어도
그러나 쟁그랑 부딪치는 소리는
다정스럽기만 하다

밤이슬을 머리에 얹고
가로등 불빛마저 꾸벅꾸벅 졸고 있는
좁다란 길 맴돌며 하룻밤 지새우고
다시 남남처럼 추억만 남긴다

그 여인도 비망록에 몇 자 적었으려나.

그대여

넘실대며
졸졸졸 흘러가는 시냇가에
바람 불면 가벼이 하늘거리는
갯버들 같은 그대여

푸른 하늘에
옹기종기 흩어지다 다시금
둘이 하나 되어 유유히 노니는
하얀 구름 같은 그대여

이렇게
고운 햇살 가득 받아
몽우리 열어 저리도 곱게 피는
아름다운 꽃과 같은 그대여

생각만으로도
가슴은 콩닥콩닥 설렘에
수줍은 얼굴 발갛게 상기되는
나만의 사랑스러운 그대여.

그 이름

지척에 있어도
소리쳐 부를 수 없는
야속한 그 이름

봄, 여름, 가을,
겨울이 가고 다시 봄

사계가
찰나처럼 바뀌어도
안부조차 묻지 못할
그리움의 소산

몇 번이고
다시 되뇌고 불러보아도
대답 없는 그 이름.

니나노

붉었던 노을도
이별가를 부를 해거름에
허접한 대폿집 한 귀퉁이에 앉아
탁배기와 친교를 맺는다

시뻘건 총각김치
한 조각에 가득 채운 잔을
단숨에 들이켜니 허전하던 마음이
씻은 듯 사라진다

주름 깊게 파인
주모는 히죽히죽 묘한 웃음 띠며
슬그머니 다가와 빈 사발 불쑥 내밀고
술이나 한잔 달라며 애교를 떤다

주둥이 박치기
한 번에 한잔씩 주겠노라 신소리 하면
거푸 들이미는 늙은 입술

신 김치에 시큼한 막걸리
그리고 신소리에 하룻밤이 저물어 간다.

별 뜨는 밤

산등성 은사시나무 우듬지에
걸터앉은 누이 눈썹 닮은 초승달이
수시로 모여드는 구름에 싸여
보일락 말락 하다

붉은 노을도 이미 져버린
해거름에 바람이 스쳐 지날 때마다
잎새는 사그락사그락 뉘 부르는지
휘파람을 불고 있다

드문드문
오가는 굼벵이 같던 시골 버스가
신작로 달려 느티나무 앞을 지나면
가녀린 살살이 꽃이 몸을 흔든다

누군가 단잠에 빠진
별을 깨우면 하늘은 은빛으로 물들고
가을은 그제야 임의 허리를 껴안고
곁으로 사뿐사뿐 다가온다.

목멘 그 노래

어둠이 내린 거리에
울긋불긋 점멸하는 네온 빛이 다가오면
구석진 자리에서 한잔의 생맥주를
갈증 삭이려 들이킨다

네온이 깜빡일 때마다
음악은 박자 맞추듯 구슬프게 들려오고
오늘따라 임의 소식 감감하다

탁자 위 빈 잔이 쌓여만 가고
외로움은 켜켜이 가슴을 적셔오는데
공허한 마음 채우는 목멘 그 노래는
애잔한 밤을 부추긴다

그렁그렁 맺힌
눈물이 반쯤 남은 잔에 툭툭 떨어지면
주먹 쥔 손등으로 남몰래 훔치고
남은 잔을 서둘러 비운다

목멘 노래는 아직 그치지 않는다.

삼경(三更)

고요가 숨마저 죽이는
적막의 시간, 세상은 저리도
깊게 잠들어 미동도 없다

사방을 검게 물들인 밤에
소리도 없이 내리는 함박눈은
점 하나 찍고, 다시 점찍어
백야(白夜)를 이룬다

오롯이 홀로 매화에 내린
절경에 빠져들다 잠에서 깨면
떠나간 임의 꿈도 사라지고
이 절경도 없어지리라

그대 고운임이시여
모든 것은 영원히 사라지고 또한
잊힐지라도 마음에 담은 모습은
가슴에 영영 새겨 있으리라.

영화처럼

스르륵스르륵 영사기가 돌아가면
어둔 극장에는 낡은 필름이 펼쳐지고
청춘 남녀 배우들이 보입니다
필름이 긁힌 듯 비가 내리고 화면 역시
비가 내리는 도심 속 오후의 너저분한
좁은 골목이 보입니다
아직 밤이 되지 않았건만 젊은 청춘은
술이 거나한 듯 주위를 아랑곳하지 않고
서로를 얼싸안고 진한 입맞춤을 합니다
비는 그침 없이 파문처럼 동그라미를
수없이 그리고 있습니다
오래도록 지속된 입맞춤도 지쳤는지
그제야 감싸 안았던 팔을 풀고 비틀비틀
싸구려 여관으로 들어갑니다
네온이 켜진 거리에 적막이 찾아들자
구름에 가렸던 그믐달이 고개를 내밀고
비 그친 거리에 한 줌의 빛을 내립니다
청춘이 걷던 길의 발자국은 겨울 영화처럼
내리는 함박눈에 묻혀 보이지 않습니다.

첫사랑

어둠이
서서히 자리를 떠날 무렵
안개는 쓸쓸한 강가에
꽃 대신 피었지

햇살이
떠오르자 물안개는 사라지고
작은 꽃무리들이 서서히
눈에 띄기 시작했지

꽃을 보니
첫사랑 그 소녀가 생각나
한참을 서성이다 낮은 목소리로
"내 사랑" 하고 불러보았지

허공으로
사라져 버린 그날의 애꿎은
풋사랑은 메아리로 흩어지고
강물처럼 흘러가 버렸지

아직도 생각나는 내 사랑 그 소녀…

시절 그 시절

뭐가 그리도 좋은지
그저 바라만 보고 있어도
마음까지 싱숭생숭하던 시절
그런 때가 있었다

어쩌다 두 손을
마주 잡으면 심장은 쿵쾅쿵쾅
얼굴은 발갛게 상기되던
시절이 있었다

매서운 바람이 불던 날
차가운 손을 잡아 주머니에
함께 넣고 걸으면 마치 하늘의
별을 딴 순간 같던 시절

토끼풀꽃 엮어
희디흰 손가락에 끼워주면
더없이 행복하던 그날은
별똥별이라도 주워 목걸이라도
해주고 싶던 시절 그 시절…

산책

풋풋함이
묻어있는 하천변으로 아침
산책길에 나선다

영양 크림대신
온몸에 녹아들듯한
햇살 한 줌을 얼굴에 바르고
신선한 바람을 마신다

구미호가
변장술 익혀 맞은편에서
궁둥이를 섹시하게 흔들며
샤넬 향수를 뿌리고 간다

천변에
막 피어난 꽃들의 자연향이
향수에 버렸던 코끝에 머물며
상큼함으로 다가온 산책길…

꽃잎

탐스런
꽃이 피면 때맞추듯
우리 사랑도 곱게 피어나는
찬란한 봄이었지

바람이
슬며시 스치고 지날 때
붉은 꽃잎은 난분분 우수수
떨어져 뒹굴었지

너와 나의
입술이 포개진 모양같이
꽃잎이 숨죽이며 떨어지던
그날의 봄처럼

다시금
그 봄 오면 꽃잎처럼 어여쁜
널 다시 볼 수 있으려나.

제4부 사모

思慕

반 백 년의
세월도 마치 어제처럼
정겨운 이름들

구름에 가린 달

여름의 중심, 삼복에 엄마는 여명이 슬그머니 빠져나간
열무 밭으로 나가 광주리 머리에 이고 아침의 장터로 나간다

오늘은 몇 단이나 팔릴는지 어제와는 달리 희망을 잉태한 채
열무 단을 정갈하게 펼쳐놓는다

시간은 야속하게 흘러 점심때가 되었어도 손님은 없다

쫄쫄이 굶은 탓에 꼬르륵거리는 민망한 소리를 애써 꾹꾹 마른침
삼켜 참으며 해거름을 맞이하지만 열무 단은 그대로다

저녁놀은 오늘따라 유난히도 핏빛 닮아 가뜩이나 새 창자만 한
자식새끼들 굶길까 염려스러워 충혈 된 눈동자와 닮았다

종일토록 땡볕에 벌거벗고 누워 푸르던 열무 줄기는 검은 점들이
파도처럼 밀고 들어와 이미 기지만 나 썩었다

이리저리 뒤적이며 푸른 잎사귀 몇 올 건져 시래기라도 담글
생각으로 빈 광주리에 담아 어둑어둑해진 길을 다시금 끼니마저
건너 띈 쇠잔한 발길로 타박타박 되돌아온다

어미 오기만을 눈이 빠지게 기다리며 굶고 있을 4남매 생각에
허리에 차고 있던 전대의 지퍼를 열어보니 잔돈 바꿔줄 양으로
준비한 지폐 몇 장과 딸그랑거리는 동전뿐이다

샛별처럼 초롱초롱한 눈으로 애타게 기다릴 것만 같은
귀여운 새끼들 얼굴이 떠올라 호롱불 남실대는 호떡집에 들러
호떡 넉 장을 사서 식을 까 조바심에 서둘러 발길 재촉한다

구름에 반쯤 몸 숨기고 내려다보던 그믐달이 목울대까지 꽉 찬
울음을 소리도 제대로 못 내고 훌쩍훌쩍 울고 있다.

빛바랜 소묘

어둠 깃든 기제사(忌祭祀) 저녁, 돌개바람 쳐들어오듯 밀려와
제사상에 떡하니 양반다리 하고 앉아 미동도 하지 않은 채
눈동자만 상차림의 이모저모 모양새를 두리번거리고 있다
현고학생부군신위(顯考學生府君神位) 아래쪽에 마련해 놓은
제사상엔 "조율이시"인지 "홍동백서"인지 서로 헷갈리긴 해도
차례대로 구색 맞춰 정갈하게 5열 횡대로 나란히 도열해 있고
뾰족한 머리와 연미복 꽁무니마저 삭제된 바짝 마른 북어포에
눈 부릅뜬 굴비 세 마리가 금세라도 바다로 뛰어들 것만 같다
한 시대를 밭에서 놀다 영문도 모르고 잡혀온 삼색나물에
돼지기름내 잔뜩 풍기는 동그랑땡이며 빈대떡 등 온갖 전에
육적, 어적, 소적을 마치 채점하듯 큰절 할 때마다 관례처럼
젓가락 한 쌍이 이곳저곳 번개같이 맛보고 지나간다
제사상에 혼(魂)만 불러내어서인지 서먹하시던 아버님도
안방 벽에 걸린 흑백사진틀에서는 오래전에 빛바랜 주름진
웃음을 억지로 빙긋이 지어 보이시고 계시다
오늘밤은 살아생전 무뚝뚝하시던 그 모습 못내 그리워 아버님
사진을 상하좌우로 식구들 모르게 슬며시 쓰다듬어 본다.

* 顯考學生府君神位 : 배우는 학생으로 인생을 살다 돌아가신
아버지의 신령이시여 나타나서 자리에 임하소서.

잠

일산 암센터
복도의 마지막 병실에
누이는 6개월짜리 제 손녀를
가슴에 안고 웃고 있다

이런저런
이야깃거리를 미대를 나온
딸내미가 삽화를 그린 자신의
첫 수필집이 출판되었다고
내게 건네며 맑게 웃는다

다음날 새벽
누이는 그가 살아온 날의 모든
행복 간직한 채 식구들이 가득한
병실에서 곤히 자고 있다

잠은 누이에게
아무런 근심걱정 없이
세상 편안함을 모두 주었는지
하늘로 가는 순간까지 영영
깨어나지 않았다.

추억 속으로

그 옛날 아버지께서
담배 태우시다 목침 베고
오수를 즐기시던 사랑방 문을
조심조심 열어봤다
근엄하신 아버님은 안 계시고
푸른 담배연기만 피어난다

자애로우신 어머님이
둥근 수틀에 곱게 수놓으시던
안방 문을 살며시 열었다
어머니 대신 청노루 한 쌍이
수틀에서 물끄러미 바라본다

오밀조밀 4남매가 조잘거리던
건넛방 문을 활짝 열었다
지금은 아무도 없는 그 방에
웃음소리만 그득하다

이방, 저 방 손 때 묻은 방들은
신기루처럼 사라졌어도 옛 시절의
기억 속엔 고운 추억 가득하다.

당신의 사계

당신이 꽃처럼 곱던 시절엔
새하얀 옥양목 수틀을 그리도
좋아하셨지요

푸르디푸른 잎새 하나하나
정성스럽게 수를 놓던
봄이었습니다

화사함이
수틀에서 한 송이 모란으로
활짝 피던 여름

우거진 숲에
사랑하는 꽃사슴 한 쌍 어울려
다정하던 가을

그리고 수많은 겨울이 지나
꽃이 흐드러지게 피던 봄
4남매 곁을 떠나 수틀과 함께
영원히 가셨습니다.

무언의 대화

몸도 마음도
싸늘한 겨울 도심에서
멀리 떨어진 변두리 장례식장에
굴건제복 차려입은 어린 아들이
자신 만큼 긴 대나무 지팡이
짚고 고개 숙인 채
초라하게 서있다

아무런 말없이
빙긋이 웃음 띤 영정 속에 계신
늙은 아버지는 그토록 사랑하는
자식과도 오랫동안 마주한
일조차 없었는지 어색하게
서로를 바라보고 있다

자신의
분신처럼 빼닮은 아들에게
그간 뒷바라지도 못해 주었는데
이렇게 잘 자라주어 고맙다는 듯
홀로 웅얼거리고 있다

한 많은
세상 하직한 아버지와
이제는 의지할 곳조차 없는
아들이 아무도 찾지 않는
빈소의 향불 앞에 어색하게
마주하고 있다

파란만장한
삶을 청산하고 이별한
슬프디 슬픈 오늘, 피붙이라는
이름으로 서로를 위로하고
마주하며 받은 유일한 유산은
아무런 말없는 침묵이다.

봉선화

찌는 날이 더 많은 삼복 여름날 오후
어제까지 푸른 잎만 무성하던 담장 아래
봉선화가 붉은 초롱 달듯 피어난다

저녁은 옆집에서 보내준 술 찌게미로
어린 사 남매의 허기진 배를 다소나마
채웠다는 위안으로 애끓는 슬픔마저
가슴속으로 삭이고 있는 중이다

새 창자 같이 작은 배를 채워주지 못해
입이 삐죽 나온 계집아이 셋을 불러 모아
저마다 열 송이 예쁜 꽃을 피워 주리라
달래듯 말해주며 봉선화 꽃잎 곱게 찧어
아기단풍 같은 열 손가락 감싸 준다

배고픔에 잠 못 이룰 기나긴 여름밤에
어릴 적 할머니가 엄마에게 들려주었던
멀고도 먼 옛날이야기를 들려주었다

다시금 아침의 허기가 손가락마다 피어난
열 송이 빨간 꽃으로 위안이 되면 좋으련만…

댓돌 위 신발

남녘에서 봄바람이
실려 오던 날엔 분홍꽃잎이
신발에 가득 쌓였지요

풀벌레 소리 어우러진
여름밤엔 꼬맹이가 벗어놓은
검정고무신엔 송사리대신
별들이 모여 들었지요

가을엔 노을처럼 물든
그 고운 단풍잎이 겹겹이 쌓여
신발을 털던 생각이 나요

함박눈 내리면 끼니 굶은 눈엔
벗어놓은 고무신에 쌓인 흰 눈이
쌀밥처럼 고봉으로 담겼지요

그 시절 쓰라린 힘든 추억도
제각기 뿔뿔이 흩어졌던 식구들의
신발들이 댓돌 위에 모두 모인
오늘은 마냥 달콤합니다.

장독대 밑에서

새벽의 여명이 슬그머니 사라지면
어머니는 청솔가지 아궁이에 넣어
무쇠 가마솥에 담긴 멀건 시래기죽을
끓이느라 시시 때때 옥양목 앞치마에
눈물 마를 일이 없으셨지

불 피우는 일이야 눈물 조금 흘리면
될 일이지만 새 창자만큼이나 작은
고만고만한 자식새끼들 끼니 굶길까
염려스러워 차마 눈뜨기가 두려우셨지

해뜨기 전 부엌일과 밭일에서부터
얼음이 언 냇가에 나가 옷가지를 빨고
다듬질할 때마다 방망이로 치미는 분을
삭이고 싶은 일도 있으셨을 거야

암청색 밤하늘에 둥근달이 뜨면
정화수 한 그릇 담아 장독대 밑에서
식구들 위해 비실 때 장독에 담긴
간장이 검게 우러나는 만큼 그 속내도
검게 변하신 날들이 태반이셨겠지.

어둠에 싸인 달

풀벌레의 속삭임도 산새의 지저귐도
사라지고 적막만이 깊어가는 밤을 알리는데
일점 바람소리는 은근히 다가와 귓가에
소곤거리며 향수에 젖은 쪽잠마저 일깨운다

은근하게 울리던 풍경소리도 이미 시들해진
여명의 산사에는 고향의 둥근달을 떠올리며
시름에 겨운 여정의 마음을 달래 본다

검정 소나무 가지 위에 걸터앉은 달은
구름에 싸였어도 그날처럼 어머니의 온화한
미소가 곁에 머문 듯 정겹기만 하다

그리워 애태우며 순간순간마다 애절한
불효의 가슴은 산사의 달에 머물러 발길을
미루는데 어머니 향한 마음만은 구름 사이로
흐르는 달빛보다 더 재촉하건만…

기억의 방

종심(從心)의 세월 동안
그간의 일들을 기억하는 방들이
머릿속에 빼곡히 박혀있어
그들이 생각날 때마다 가끔씩
방문을 열어본다

그리운 방문을 열면
항상 손에서 떠나지 않던
옥양목 수틀과 향긋한 분 냄새는
아직도 가시지 않았는데
엄마는 이곳에 계시지 않는다

둘째의 방 앞에
잠시 사색의 시간이 지난 후
살며시 열면 이제는 유고집이 된
자신의 수필을 밤새 집필하느라
그리던 오라비가 왔어도
뒤돌아 볼 틈도 없나 보다

어언 반백년이
지나는 동안 인생의 굴곡진 시간을
함께 보낸 가련한 여인의
방을 열다가 가슴 깊은 곳에서부터
울음이 치밀어 뒤돌아서며
아내의 방문을 닫는다

눈에 넣어도
아프지 않다던 아이들의 방문을 열면
그들은 어느새 커버려 어엿이
한 가정을 이뤄 이제 늙은 아비는
까맣게 잊은 채 알콩달콩 살고 있다.

세월 속 책방

굴곡진 세월 속 책방에는
다양한 경험의 인생살이 엮은 책들이
마치 자태를 뽐내듯 꽂혀 있다

빨간 사과가 있는 책
노란 배추가 있는 책
푸른 고추가 있는 책

빨간 사과 그림을 펼쳐보았다
젊은 청춘의 시절 열정이 불타오르던
사랑이라는 영화 한편을 보았다

노란 배추 그림을 펼쳐보았다
밥 먹던 숟가락이 퍽 행복해 보인다
집사람이 수줍게 웃고 있다

푸른 고추 그림책을 사가지고 왔다
책장을 넘길 때마다 매워 눈물이 난다
어머니가 그 속에 계셨다.

그리움의 원천(源泉)

그 흔한 달빛마저 사라져
어둠만이 자리 잡은 깊은 밤길을
터벅터벅 홀로 거닐던 무거운 발길

팔다만 열무광주리는 똬리 위에서
아마도 돌덩이나 바위를 인 것보다
천근만근 더 무거웠으리라

자식새끼 위한 가녀린 삶은
그 곱던 손등마저 어느새 푸른 심줄이
굴참나무껍질처럼 자리 잡고 있었지

가슴엔 옹이가 들어앉아도
차마 말조차 못 하셨을 인고의 세월만
줄짓듯 이어지는 부질없던 생

그렇게 설움의 길고 긴 시절이
냉가슴 앓듯 종지부를 찍고 사라진
어머니의 희생이라는 이름…

누이

잎새의
푸름이 붉게 물들 즈음
너는 고고의 함성으로
이 땅에 왔었지

그리곤
사월의 꽃비처럼
일찌감치 세상 등지고
하늘로 갔구나

아마도
지금쯤 차가워진
검정 대리석에 누워
나처럼 하늘의 별을
하나둘 세고 있겠구나

너의 유고집엔 예전
나의 일상이 그대로 담겨
책장을 넘길 때마다
네 생각 간절한데…

나무에 걸린 달

이상하다시피
그날 밤의 둥근달은
느티나무에 붙들린 채로
꼼짝 못 하고 있었지

엄마를 기다리다
나무에 걸린 달을 한참이나
보고 있었지만 환한 빛만
말없이 쏟아 부었지

엄마 손잡고
집에 왔어도 달은 여전히
가지에 매달린 채 온 동네를
밝히고 있었지

굴뚝 연기

엄마가 그리운 날엔
바람에 몰리는 구름같이
등 떠밀지 않아도 버릇처럼
능선에 오른다

발아래
점을 찍듯 펼쳐진
정겨운 초가 굴뚝엔 모락모락
연기가 피어오른다

매캐한 연기
마다하지 않고 아궁이에
불 지피는 엄마의 수고로움을
식솔들은 알 테지

굴뚝 연기만 바라보이도
함께 보이는 그리운 엄마의 모습…

아련한 이름

하늘이
잿빛으로 가린 날엔
아련한 기억 하나 떠올리며
허공을 바라봅니다

영원토록
잊을 수 없는 그 이름을
소리 낮춰 불러봅니다

때론 목이 메여
차마 부르지도 못하던
아린 시절도 있었지요

다시금 되뇌어도
여전히 그립기만 한 이름

이제는 점점 잊혀가는
그 아련한 당신의 이름을
다시 불러봅니다
아주 조심스럽게…

사월이 오면

하얀 목련이
피고 지는 사월이 오면
홀연히 하늘로 떠난
네 생각난다

가슴에
달과 별을 키우며
무지갯빛 희망만을 꿈꾸던
고운 누이여

허전한 마음
채울 길 없어 울음마저 참으며
너 없는 하늘을 올려다보고
또 빈 하늘을 쳐다보고…

* 사월에 떠난 누이를 기리며.

하늘과 땅의 꽃

엄마 여기 좀 보세요
엊그제 심은 것만 같았던 꽃밭에
파란 싹이 돋아났어요

머잖아 엄마가 좋아하던
뜨락엔 앞 다투며 오색의 꽃들이
망울 터트리며 손가락 숫자만큼
여기저기 필 테지요

엄마 계신 하늘 보면
마치 구름이 꽃처럼 피어나네요

하늘엔 구름 꽃이 피고
땅에는 엄마 좋아하던 꽃이 피는데
나는 왜 웃음꽃도 못 피우나요.

빈자리

혹독한 추운 날씨에도 불구하고
우물가와 빨래터에서
시린 찬물에 손 담가도 오직
가족을 위함이셨지

간장 고추장 일일이 뚜껑 여시며
따사로운 햇살에 마음까지 얹혀
장맛보다 더없이 진하디 진한
정까지 준비하셨지

청솔가지
그 매운 연기 아랑곳 하지 않으시고
가난에 행주치마 끝자락에
눈물 마를 날 없이 한 세상 사셨어도
불평은커녕 못 다해준 게 항상
마음에 걸린다던 어머니

그 빈자리
십 년, 이십 년, 다시금 반백년이 지나
어디를 가보아도 계시지 않았는데
내 마음속에 오롯이 계시네.

아버지

풍파에 깎이고
이리저리 시달린 탓에
비쩍 말라 왜소해진 체구가
못내 안쓰럽다

그래도 병풍같이
펼쳐진 큰 산처럼 듬직하여
품에 안기면 푸근하고
따뜻한 피가 돈다

온갖 어려움과
설움, 혹독한 고초를 겪었어도
서운함이 뼈에 사무쳐도
아버지는 가족 앞에서만은
아무런 내색도 않는다

대나무같이
올곧고 강직한 성격이지만
초롱초롱 빛나는 자식들에겐
다정 다감 하시다.

그해 사월

엄마 손잡고
나들이 가던 사월
푸른 하늘엔 구름도 하얗고
목련도 하얗게 피었지요

연분홍
솜사탕을 먹으며 걷던
그 길에는 연분홍 벚꽃도
흐드러지게 피었지요

만개한
벚꽃이 난분분 바람에 날려
꽃비가 내리던 그해 사월
그렇게 하늘로 가셨지요

또다시 사월이 오네요.
몹시 그립고 그리운 엄마 생각…

엄마

진달래가 지고
철쭉이 교대하며 봄의 절정을
알리던 포근한 날에
엄마 손잡고 나들이 가던 날

치마폭에 매달려
앞서거니 뒤서거니 달음질로
모처럼 외가댁 들러 오가던
행복했던 시간들

늦은 햇살이 산 너머로
빙긋이 미소 지으며 몸 숨기면
노을은 꽃처럼 붉게 피어나고
긴 그림자는 평화로웠네

엄마 그림자와
작은 내 그림자가 합해지면
무엇이 그리 좋은 지
깔깔대며 걷던 봄날의 추억.

청양고추

어려도 한참 어릴 적
종일토록 쫄쫄 굶고 있을 때
어린 여동생 셋의 끼니로
아직 설익은 고추 몇 개 따다가
붉은 고추장 찍어 먹였다

나도 나려니와
그 어린 동생들은 연신
냉수 찾느라 야단법석이고
벌컥벌컥 마셔도 이마에 땀이
이슬처럼 송골송골 맺혔다

강산이 수없이 변한 지금
그 옛날 먹어보았던
청양고추를 잘게 썰어 먹는다

매운 고추 맛은 좋은데
갑자기 그 옛날 생각에 쏟아지는
이 눈물은 어이하누?

여운

어머니의
흰 소복 닮은 하얀 눈이
온 산을 덮고 사철 푸른 솔잎에도
인심 좋게 수북 쌓아놓았구나

바람은 행여
가녀린 가지 부러질까 염려스러워
쌓인 눈을 털고 지나는데 잔설은
가지 위 설화를 피운다

소리도 없이
내리는 눈은 아버님 가시던 길을
애써 지우고 마음에 남아있던
추억마저 지우고 가네

내리는 눈과 삭풍은
뇌리에 남아있는 기억마저
다 지우려 하지만 그래도 암각에
새겨진 정은 지울 수 없다네.

치매

하늘나라에 계신
엄마가 잠시잠깐 짬 내어
정답게 다가서신다

아범아 잘 있었지
그런데 어찌 허전하냐
둘째가 보이지 않는구나
어디 간 게냐

아이고…
엄마 하늘로 떠나신
그 사월에 둘째도 떠났는데
여태 못 보셨어요

아, 그렇구나 내 정신 좀 봐라

하늘 길 떠나시기 전
치매에 걸려 못 알아보셨는데
나 하늘에 가면 아들 왔다고
아는 척이나 하시려나.

아버지의 손

세상의 아버지들은
자식에게는 모두 무뚝뚝하게
대하는 줄 알았어요

어머니 같이
토닥토닥 등을 토닥여주고
따스한 품에 꼬옥 안아주시는
포근함도 없었지요

구름이 그 환한
보름달을 통째로 가두던 밤
아버지는 어린 제 손을 놓고 홀로
머나먼 하늘 길로 가셨지요

영정을 바라보는데
굵은 뼈마디 박힌 커다란 두 손이
얼굴을 스치지도 않았건만
눈물이 한없이 흐릅니다

얼음같이 차가운 내 손도 이담에는
아버지처럼 뜨거워 질른지요.